Richard Dehmel
Schöne wilde Welt
Gedichte und Sprüche des Hamburger Schriftstellers
Anfang des 20. Jahrhunderts

SEVERUS Verlag

Dehmel, Richard: Schöne wilde Welt. Gedichte und Sprüche des Hamburger Schriftstellers Anfang des 20. Jahrhunderts. 2021
Neuauflage der Ausgabe von 1913
ISBN: 978-3-96345-249-9

Korrektorat: Tamara Boerner
Satz: Tamara Boerner

Umschlaggestaltung: Annelie Lamers, SEVERUS Verlag
Umschlagmotiv: www.pixabay.com

Bibliografische Information der Deutschen Nationalbibliothek: Die Deutsche Nationalbibliothek verzeichnet diese Publikation in der Deutschen Nationalbibliografie; detaillierte bibliografische Daten sind im Internet über https://dnb.de abrufbar.

Der SEVERUS Verlag ist ein Imprint der Bedey & Thoms Media GmbH, Hermannstal 119k, 22119 Hamburg

SEVERUS Verlag, 2021
http://www.severus-verlag.de
Gedruckt in Deutschland
Der SEVERUS Verlag übernimmt keine juristische Verantwortung oder irgendeine Haftung für evtl. fehlerhafte Angaben und deren Folgen.

Richard Dehmel

Schöne wilde Welt

Gedichte und Sprüche des Hamburger Schriftstellers Anfang des 20. Jahrhunderts

Inhalt

ERSTE HÄLFTE

LEITSPRUCH

Ob dein Schiff nach Osten, Westen,
Norden oder Süden zieht,
überall zu Schöpfungsfesten
winkt noch neues Weltgebiet.

FREUDENRUF

O freu dich, Mensch: Deine Welt erschallt!
Überall ist Frühling, wo dein Herz nachtigallt!
Menschenlieder, ihr schwanken
Meer- und Himmels-Gedanken,
Berg-, Fluss-, Fluren-Träume,
Wolken- und Wellen-Schäume,
Wäldversunkenheiten,
Sternentrunkenheiten,
Wein- und Blumen-Gelüste,
schwellende Lippen und Brüste
bis hinauf zur Sonne –
ja: ihr wiegt uns in Wonne!

DEUTSCHES LIED

Mich drängt zu singen
deutschen Geistes Kraft.
Erde nimmt Himmelschwingen,
wenn er dich, Volk, aufrafft.

Über die Eichenkronen
stürmt er zugvogeldreist
in alle Zonen,
wenns ihn zur Tat hinreißt.

Welten schweben nieder,
wenn er träumen will;
Himmel nimmt Erdgefieder,
heimatstill.

Mag er zu schlafen scheinen,
wenn er ruht:
plötzlich durch all die Seinen
zuckt Morgenglut.

Mit einem Märchenlachen
heller Verwegenheit
hörst du, Volk, ihn erwachen.
O Geist der Herrlichkeit!

MÄRZLIED

Im März,
da gruneln die Dornen am Zaun.
Im März,
da fängt der Fuchs an zu rauhn.
Im März,
über Deutschlands Äckern und Aun,
da fliegt durch Wolken und Licht und Sturm
eine erste Schwalbe von Turm zu Turm:
wird Frühling? –

BALLADE VOM VOLK

Bahnhofsgewühl;
am Sperrgitter staut sich's.
Schutzleute brüllen;
und rings glotzen tausend
Tiergesichter,
Hundegesichter,
Fuchsgesichter,
ein Wolfsgesicht,
Schafsgesichter,
Gänsegesichter,
ein kollernder Truthahn,
grunzende Schweine –
Volk.

Der Zug fährt ein, hält.
Das Gewühl wird still,
einen Augenblick still.
Am Fenster erscheint
Bismarck und grüßt;
und rings jubeln tausend
leuchtende, glühende,
funkelnde, strahlende,
Erzengelhelle Menschengesichter –
Volk.

PRO PATRIA

I

Ich gönne jedem fremden Wicht
sein Teilchen Erde nebst Himmelslicht;
aber will er mir meins wegschinden,
soll er die Hölle bei mir finden.

II

Jeder Mann von echtem Kern
sei uns Landsmann, ist er's gern.
Gleich, woher die Samenzucht:
deutsches Land trägt deutsche Frucht.

III

Kindersinn und Vätergeist,
Muttersprache ist ihr Band;
wirket, dass es nicht zerreißt,
all ihr Geister, Hand in Hand!

DER FEUERGEIST

Ein Jüngling, wortgewandt, und sehr fürs Volkswohl glühend,
oder galt seine Glut mehr seinem Rednerruhm?
wer weiß – denn eines Tags nach einer Wahlversammlung
sprach er zu einem Freund: welch grenzenloses Glück,
so ganz entbrannt zu sein, dass alles mitentbrennt,
so Flamme durch und durch, dass sich der Geist vesuvisch
am eignen Wort entflammt und jeden andern Geist
rings um sich her verzehrt! – der wurde selbigen Nachts
von einer Feuersbrunst jäh aus dem Schlaf geweckt.
Er sah, noch halb im Traum, durch die verkohlte Tür
den Brand nach seinem Bett mit riesiger Zunge lecken,
wollte um Hilfe schrein, sprang auf, sah rings die Wände
Rauch spein, die Dielen sprühn, schrie Gnade, stotternd Gnade,
sah nichts mehr, schrie nur, sah: alles verzehrend fraß
der glühende Atem um sich, vesuvisch. Und – o Gnade –
was war das? Luft! Er sah sich zusammenbrechen, fühlte
sich hochgerissen plötzlich, getragen, weggetragen,
durch klirrende Fenster, Wolken, Nachtwolken, Luft – o Glück –
o grenzenloses Glück – durch frische Luft getragen,
von Fäusten, Retterfäusten, hinab. So kam er zu sich,
stand unten, sah hinauf, sah rings das Volksgetümmel
vom Feuer geisterhaft beleuchtet, wollte sprechen,
Dank sagen, Dank, o Dank – und sprach, sprach nicht, schrie, schrie nur,
stotternd und lallend: Gnade! Gnade! – Die Zunge war
für immer ihm gelähmt.

ANTRIEB

Jüngling, du bist frei zum Flug,
sei nur immer Manns genug!
Spring aufs Glücksrad, rolle, rolle
durch die Welt, die wettlauftolle;
nimm als Lohn die eigne Bahn,
aller Ruhm ist fremder Wahn.

KAMPFSPRUCH

Siege oder Niederlagen:
immer gilt es, neu zu wagen.

WERKSPRUCH

Weltwille wirkte dich,
du wirkst auf ihn zurück;
tust du das williglich,
so wird dein Werk dein Glück.

WEIHSPRUCH

Schaffenslust, das ist die Quelle,
die den eignen Grund zerspellt;
einen Trunk von dieser Welle,
und du schmeckst das Glück der Welt.

DIE SCHÖPFERHAND

August Rodin zu Ehren

Chaos bedrängte dich, du Geist: Sturzwelt:
roh Erz, plumpes Gestein, wüst stiebender Sand:
empörte dich in alle Fibern zum Widerstand,
und durch die störrische Masse
ordnungsbrünstig
drang deine Schöpferhand.
Da ward der Denker, der mit brütender Wut
das Kinn auf die geballte Rechte presst,
da ward die Schöne, deren nackte Glut
sich von der stürmischen Woge tragen lässt,
da ward der Dichter, dem die Weltschrecken
das Haupt recken,
und wird ein Turm, wo Menschenarbeit kündet,
welch Himmelreich der Erdgeist gründet.

BERGARBEITERLIED

Wir tragen alle ein Licht durch die Nacht,
unter Tag.
Wir träumen von unerschöpflicher Pracht,
über Tag.
Wir helfen ein Werk tun, ist keins ihm gleich;
Glückauf!
Wir machen das Erdreich zum Himmelreich;
Glückauf!

Einst fiel alles Leben vom Himmel herab,
über Tag.
Wir Bergleute schürfen's aus dem Grab,
unter Tag.
Wir fördern's herauf, das tote Gestein;
Glückauf!
Wir machen's wieder zu Sonnenschein;
Glückauf!

Auf Erden ist immerfort jüngstes Gericht,
unter Tag.
Aus Schutt wird Feuer, wird Wärme, wird Licht,
über Tag.
Wir schlagen aus jeglicher Schlacke noch Glut;
Glückauf!
»Wir ruhn erst, wenn Gottes Tagwerk ruht;
Glückauf!

DIE HAFENFEIER

I

Vom stillen Hafen singt manch kleines Lied;
Hafen der Weltstadt, bist du jemals still?
O großer Braus der Unruhe, wenn schrill
werktags die Dampfbootschwärme, Fähren, Schlepper, Jollen
Signale kreischend durchs Sprühwasser tollen,
Rauchwolken durchs Gestarr der Maste rollen,
durchs Möwengetümmel um Schlot und Spriet.

Fremder, dann stehst du zuerst wie irr,
spürst nicht das Werk, das da wachsen mag,
nicht von den Werften herüber den Takt im Hammerschlag,
nur das Gekrach und Gerassel, Geklirr, Geschwirr,
und ziellos fragt dein Blick ins Gewirr:
wird je auf Erden noch Feiertag?

Bis du erschüttert vermeinst, dass eisenhart
die ganze Menschheit im Arbeitskleid
von allen Brückengeländern dir Antwort schreit;
und vor dem starken Schall der Gegenwart
verstummt dein Ruf nach ewiger Seligkeit.

II

Sieh dort: der schlichte Mann in der Barkasse,
die unscheinbar vom wimmelnden Kai abschwenkt,
der ordnet dir die lärmende Masse.
Ihm dankt im stillen jede Speichergasse;
ein Schiffsherr ists, der viele Schiffe lenkt.

Vorbei an Docks, Hellingen, Höften, Leichtern, Kranen,
deren Getriebe seinem Antrieb entsprang,
rechnet sein Kopf wohl grad an neuen Bahnen
für unsre Herrschaft auf den Ozeanen,
doch durch die Brust wogt ihm wie dir ein Ahnen,
ein Drang, ein Klang, ein Urgesang:

Unruhe braust, wo sich der Geist aufrafft,
wo flügelfrei sich Mut und Wille verschwören,
Herzen und Hirne zur Tat zu empören.
Unruhe ists, was sich Beruhigung schafft,
was Freiheit und Gewalt zur Ordnung strafft,
um immer kühneren Flugs die Ruhe zu stören.
Unruhe heißt die Schöpferkraft.

III

Jetzt hüpft der emsige Herr von Bord; gewandt
schlüpft er durch festschmuckbunte Zuschauerhaufen.
Ein Riesenschiff soll heut von Stapel laufen.
Flaggen und Wimpel flirrn; Girlanden umspannt
harren zehntausendköpfig die Tribünen.
Und über all das ragt der Rumpf des Hünen
wie vom exotischen Blick seines Gebieters gebannt.

Der grüßt sich höflich durch, durch die Spaliere
der Würdenträger, Damen, Kavaliere,
Schutzleute, Kurtisanen p. p. – und dann:
ein Kaiser neigt sich vor dem jüdischen Mann,
der dieses Völkerfriedenswerk ersann,
es neigen sich die Herren Offiziere.

Der Fürst begibt sich an die Kanzelstufe,
besteigt sie, spricht: Ich tauf dich Imperator.
Willig rollt der Koloss von seiner Kufe,

und auf der Strombahn im Sturm der Jubelrufe
wiegt sich ein Echo: Triumphator.

IV

Was aber tönt noch immerfort wie Klagen?
Was murrt und schluchzt, wenn die Anker tauchen?
Was stöhnt, wenn die Frachtspillketten aufstauchen,
während die Dampfersirenen wie brüllende Bestien fauchen,
die Baggermaschinen ihr Hundegeheul anschlagen.

Ist es der Grundton ewiger Grausamkeit,
der qualvoll selbst aus unsern Werkzeugen ächzt?
O Menschenkind, das nach Vergöttlichung lechzt,
hör nur, wie deine Machtgier teuflisch gen Himmel krächzt,
die dich und deinesgleichen im Namen der Menschlichkeit
gesetzlich peinigt und sittlich maledeit!

Dann starren die Häuserreihen rings um die Hafenbecken
dich an wie Folterkammern, wo Angst, Wut, Jammer, Schrecken
vom Keller bis zum Dachfirst gellt,
wo jeder den andern martert, Verbrecher zugleich und Richter,
höchstens dass mitten drunter einsam ein Denker, ein Dichter
sich selbst abquält mit Allbeglückungszwecken;
so büßt der Weltgeist seine Welt.

V

Ja, das erschüttert, das macht die Seelen hungern,
das lässt uns stets nach besserer Zukunft lungern;
was ist denn unser Arbeitsertrag?
Sieh nur, wie alle Augen, die finstern und die grellen,
Herren wie Knechte, Meister wie Gesellen,
sich die Verzweiflungsfrage stellen:
war je auf Erden schon Feiertag?

22

Was fördern all die Fäuste, die sich schinden
an Hämmern, Hebeln, Kolben, Kurbeln, Gewinden,
an Ketten, Drähten, Tauen, Trossen?
Hier diese Panzerfregatte, sie wird verrosten, verwittern,
dort der zementne Leuchtturm zerbersten und zersplittern,
rascher dann, als er hochgeschossen.

Was hemmt die abgehärteten Lohnsklavenschaaren,
die ihren Blutschweiß täglich zu Markte fahren,
endlich zu meutern gegen die Zwingherrngilde?
Ists, weil sie schärfer als andre Narren gewahren,
dass Wahn uns alle bannt? – Ihr Herrn, seid milde! –

VI

Gern sieht das Volk Machthaber über sich:
herrliche Männer, liebliche Frauen.
Ein Labsal bleibts dem Kärrner im Alltagsgrauen,
ein lichtes Vorbild anzuschauen,
sei's königlich, sei's bürgerlich.

Die plumpesten Burschen, begrüßt sie eine Yacht,
in der ein müßiges Mädchen wie eine Blume lacht,
sie grüßen lachend wieder, Mann für Mann;
sie fragen nicht, was solche Blumen nützen,
sie schwenken ihre schweißgetränkten Mützen,
sie freuen, freuen sich daran.

Oder am Abend, wenn sie verrußt, verstaubt
heimgehn vom Landungsplatz, wo rolandshoch
des Staatsmanns Standbild sein felskahl Kuppelhaupt
dem Strom zukehrt: jawohl, sie schaun dran hoch,
als ob sein Schatten ihnen den Frieden raubt,
ehrlich anknirschend gegen sein Kriegsrüstungsjoch,
aber stolz auf ihn, stolz sind sie doch.

VII

Und keiner blickt mehr nach den Kirchturmspitzen,
die grünspanschimmrig hinter dem Mastenwald
vom Sonnenuntergang bestrahlt
über den rauchgeschwärzten Dächern sitzen,
und unter denen im Altarkerzenschein
menschenklein
der Gottessohn die Finger am Marterkreuz krallt.

Und wenn noch mancher, den Not und Kummer kränkt,
Ihm und der Mutter aller Schmerzen
ein paar Minuten echter Andacht schenkt,
so tut ers nur, indem er denkt,
dass er mit seinem abgehetzten Herzen
zeitlebens selber am Kreuzpfahl hängt.

Die Besten aber beklagen nicht ihr Los,
sie träumen auch kein künftiges Glücksland her;
sie wissen, Kraft ist Lust, die aufschluchzt vor Begehr,
opfergroß
sich hinzugeben, wie der Strom dem Meer.

VIII

Denn über allen Wassern, die hier stranden,
heller als alle Träume und Gesichte,
die durch erhitzte Hirne im Glühdrahtlichte
der schaukelnden Kajüten branden,
glänzt eine Träne aus der Weltgeschichte.

Die weinte Bismarck, als er, schon ein Greis,
das größte Überseeschiff aus jenem Zeitwendkreis
auf seinen Namen taufen sollte.
Er hatte noch kein solches Schiff gesehn,
nun sah er dies Gewaltwerk menschlicher Mühsal stehn,
sah, wie's auf seinen Wink ins schäumende Flutgrab rollte.

Und sah im Geist sein Deutschland hinaus aufs Weltmeer rollen,
sah Menschen, Helden, Sklaven, sturmschwalbenschaarendicht,
hoch, niedrig, arm und reich, gleich sterblich, Schicht auf Schicht,
wieder und wieder ihre hoffnungsvollen
glückleeren Hände ruhlos nach neuem Schicksal strecken.,
und all das sollte nun sein Name decken –
da rann die Träne über sein Gesicht.

IX

Es wird noch manche Opferträne rinnen,
die leuchtender von Seele zu Seele brennt
als der erlauchteste Stern am Firmament;
doch immer wieder, wenn Sturm ein Wrack berennt,
wird Kapitän wie Trimmer erschüttert sinnen,
warum sie durch den quälenden Aufruhr treiben,
warum sie nicht im stillen Hafen bleiben.

Denn manchmal ist er still. Wenn mitternächtig
kein Hochbahnzug mehr über die Brücken fährt,
wenn sich, vom dunkeln Wasser kühl verklärt,
das Bordlaternenheer sternbilderprächtig
im Abgrund spiegelt, Funken tief bei Funken,
dann scheint das Himmelreich herabgesunken.

Dann winkt dir aus der todesstillen Flut
der Feiertag, seit jeher prophezeit:
da sinkt der Menschensohn vom Kreuz, da ruht
auf dem erstorbnen Erdball weit und breit
der Hauch der ewigen Seligkeit.

BLICK AUF HAMBURG

In Hamburgs Wappen stehn drei feste Türme,
die mit den Zinnen zu den Sternen ragen.
In Hamburgs Hafen liegen tausend Schiffe,
die mit den Masten all dasselbe wagen.
Auf Hamburgs Mauern sitzen tausend Schlote,
die jedem Sturmwind trotzen mit Behagen.
Durch Hamburgs Landschaft fahren tausend Züge,
die mit den Wolken um die Wette jagen.
An Hamburgs Ufern schwimmen tausend Schwäne,
die Hälse reckend mit den Flügeln schlagen.
In Hamburgs Straßen schreiten tausend Menschen,
die auch bei Unwetter den Kopf hoch tragen.
Und hohe Bäume stehn in Hamburgs Gärten,
die über tausend Flaggen ragen, ragen.

LIED BEIM SEGELN

Paul Scheerbart zum Angebinde

Jetzt ist kein Hafen mehr in Sicht,
die Welle stürzt schon breiter,
die Segel brüsten sich im Licht:
jetzt, Jungs, wirds heiter!
Seht die Sonne schweben,
seht die Wolken ziehn;
freier rauscht das Leben,
alle Ufer fliehn.

Das Steuer prompt in wacher Hand,
bald stramm die Hand, bald lose:
so, Jungens, kreuzt man elegant
durchs Weltgetose!
Seht den Wimpel schweben,
seht die Möwen ziehn;
leicht rauscht alles Leben,
wenn die Ufer fliehn.

Im Fluge naht die Stunde zwar,
da gehts zurück zum Hafen,
vielleicht zum allerletzten gar:
dann, Jungs, geht schlafen!
Seht den Himmel schweben,
seht die Sterne ziehn;
weiter rauscht das Leben,
alle Ufer fliehn.

DIE GLOCKE IM MEER

Ballade

Ein Fischer hatte zwei kluge Jungen,
hat ihnen oft ein Lied vorgesungen:
Es treibt eine Wunderglocke im Meer,
es freut ein gläubig Herze sehr,
das Glockenspiel zu hören.

Der eine sprach zu dem andern Sohn:
Der alte Mann verkindet schon.
Was singt er das dumme Lied immerfort;
ich hab manchen Sturm gehört an Bord,
noch nie eine Wunderglocke.

Der andre sprach: Wir sind noch jung,
er singt aus tiefer Erinnerung.
Ich glaube, man muss viel Fahrten bestehn,
um dem großen Meer auf den Grund zu sehn;
dann hört man es auch wohl läuten.

Und als der Vater gestorben war,
fuhren sie weg mit braunblondem Haar.
Und als sie sich grauhaarig wiedertrafen,
dachten sie eines Abends im Hafen
an die Wunderglocke.

Der eine sprach, verdrossen und alt:
Ich kenne das Meer und seine Gewalt,
ich hab mich zuschanden auf ihm geplagt,
hab auch manchen Gewinn erjagt,
läuten hört ich es niemals.

Der andre sprach und lächelte jung:
Ich gewann mir nichts als Erinnerung.
Es treibt eine Wunderglocke im Meer,
es freut ein gläubig Herze sehr,
das Glockenspiel zu hören.

DER SCHWIMMER

Gerettet! Und er streichelt den Strand,
um den er rang mit dem wilden Meer;
noch peitscht der weiße Gischt seine Hand.
Und er blickt zurück aufs wilde Meer.

Und blickt um sich ins graue Land;
das liegt im Sturm, wie's vorher lag,
fest und schwer.

Da wirds nun sein wie jeden Tag.
Und er blickt zurück aufs wilde Meer – –

STURMBILD

Ferdinand Hodler zu Ehren

Fergin im Sturm, kehr um! Weib, wie du wüst dich plackst!
Du bist kein Mann! – Sie hört nicht, sie stemmt sich langgestreckt
   gegens Gebrüll der Wellen, das übern Kahnrand bleckt;
  weiter und weiter stemmt sie, ruckt, rudert, ringt und rackst.

Nach dem Holzfäller blickt sie, der mit geschwungener Axt
jenseits des Stroms sich reckt, wieder und wieder reckt.
   Oder sieht sie ein Ziel gar, das ihr sein Aufgriff steckt,
  und fühlt nun hingerissen: Ich pack's, da Du es packst?

So fragen sich im Stillen mit hochgezognen Brauen
   in einem Ufergarten einige zarte Frauen
    von edlem Wuchs und edlerer Gebärde.

Sie denken an die Helden alter Zeiten
   und sinnen zwischen leichten Handarbeiten,
    wie das Gewaltsame – gewaltig werde.

STIMME VON OBEN

Willst du von Gott neue Wunderzeichen,
arbeite!
Willst du alten Göttern wunderlos gleichen,
genieße!
Willst du Göttliches erreichen,
verzweifle!

LIED VOR TAG

Was bewegt dich, stiller Himmel?
Was beschwingt die schweren Wolken?
Herz, wie kommt die helle Höhe
übers tiefgraue Meer?

Durch die Wolken schwebt ein Vogel,
schwebt vorbei mit hellen Flügeln,
trägt die goldne Morgenröte
übers tiefgraue Meer.

Komm zurück, du goldner Vogel!
Nimm mich hoch in deine Höhe!
Trag mein Herz, du helle Hoffnung,
übers tiefgraue Meer!

DIE HIMMELSFARBE

Manches Auge schwelgt im Grauen,
manches wühlt sich bis zur Qual
in ein Farbenbachanal;
aber jedes will einmal
hochgemut ins Blaue schauen.

DAS EWIGE ZIEL

Wir werden's immer spüren
und niemals weiter bringen:
die Seele will sich rühren
und dabei Ruh erringen.

EINZIGER GRUND

Es ist zum Lachen wie zum Weinen,
wir mögen lieben oder hassen,
es wurzelt alles in dem Einen:
Das Herz will sich erschüttern lassen.

DIE ARMEN

Nach Emile Verhaeren

Sie sind so, diese armen Herzen,
ganz ausgehöhlt von stummen Schmerzen,
blass und wie Teiche voll Geweine:
rings Leichensteine.

Sie sind so, diese armen Rücken,
verkrümmt vom Tragen und vom Bücken,
krummer als auf den Dünenhütten
die Dachschütten.

Sie sind so, diese armen Hände,
zittrig wie Gräser im Gelände,
wie dürre Gräser, die zittern
vor nahen Gewittern.

Sie sind so, diese armen Augen,
die nur zu Dienst und Demut taugen,
trauervoller als die von Tieren,
wenn sie nach Freiheit stieren.

So sind sie, diese armen Leute;
dem Elend fallen sie zur Beute
mit lammgeduldiger Gebärde,
rings auf der freien Flur der Erde.

WEIHNACHT IM KRANKENHAUS

Schönen guten Abend, ihr im Leidensgewand;
neue frohe Botschaft hört aus Gnadenland!
Wir haben lang gesucht nach einem heilsamen Sterne,
bis er sich finden ließ in seiner nächtlichen Ferne.
Da haben wir ihm gewunken,
da ist er uns ans Herz gesunken.
Dann haben wir ihn festlich mit Liebe umwunden
und auf ein immergrünes Bäumlein gebunden.
Nun seht ihn! Hier glänzt er, samt anderen Schätzen;
an denen mögt ihr euch später ergötzen.
Erst sollt ihr Mut schöpfen aus seinem Schimmer;
denn die Nacht ist lang, und dies Haus glänzt nicht immer.
Hier kämpft oft das Todesgrauen schwer
mit der Lebensröte um die Wiederkehr.
Hier suchen oft Seelen nach gnädigen Sternen
und finden nichts als lichtleere Fernen.
Hier strahlt jetzt, o Wunder, ein heiliger Baum
mitten im eisigen Weltenraum
und spiegelt sich
und euch und mich
im warm aufquellenden Tränentau
einer genesenden, lächelnden, liebenden Frau.
Die Mutter des Heils ist überall zugegen,
wo Menschen eine Hoffnung hegen.

NEUDEUTSCHES KIRCHENLIED

Immer kann man nicht lobsingen
und den Weihrauchwedel schwingen;
jeder Weg zwar führt nach Rom,
aber nicht zum Petersdom.

Ja, die Wölfin, Römer säugend,
beißt noch heute überzeugend
nach dem jüdischen Jesulein
auf dem I-A-Esulein.

Dennoch, deutscher Fuchs, du weißt es,
trug der Jude Kraft des Geistes
in das Wolfsnest seinen Ruhm;
sprich drum nicht von Christentum!

Wisse: nur dem Eselhaufen
frommts den Juden umzutaufen,
der ein Mensch und Dichter war,
kein verchristelter Barbar.

Hör den Spruch der weisen Eulen:
mit den Wölfen muss man heulen,
aber mit den Eseln nicht –
denn Gott sprach: es werde Licht!

RELIGIONSUNTERRICHT

Religionsunterricht:
gläubige Seelen brauchen ihn nicht,
aber die zweiflerischen
lernen da gründlich Unglauben fischen.

ERLÄUTERUNG

Was bedeutet »nicht lange fackeln«?
Das bedeutet: Wenn Mauern im Feuer wackeln,
dann nimm nicht erst die Spritze zur Hand,
sondern wirf noch Flammen in den Brand!

BEGLAUBIGUNG

Ist nur feuerecht dein Wort,
flammt's durch fernste Nächte fort.
Sprachgrenzen hindern nicht den Geist,
der übers Volk zur Menschheit reist.

MORGENLÄNDISCHES PREISLIED

Walter Tiemann zur Erinnerung

O Scheherezade, Fee der Nacht,
in der die Wunderschelle klingt,
o Fee, welch Lied ist hold genug,
die hohe Wonne anzustimmen,
die uns zu deiner Schwelle zwingt –

so hold, wie durch den Palmenhain
im Frühling die Gazelle springt,
so hold, wie aus dem Wüstensand
am dürren Sommermittag plötzlich
durchs Dorngestrüpp die Quelle dringt –

so hold, wie durch die Winternacht
die Glut der Feuerstelle singt,
wenn unterm dichtverhängten Zelt
dem heimgekehrten Abenteurer
die Braut die Lagerfelle bringt –

so hold, wie der Prophet den Mond
auf Allahs Zitadelle schwingt
und dann beim goldnen Sternetanz
feucht aus dem Mund der schönsten Huri
die Honigkaramelle schlingt –

so, Fee der tausendzweiten Nacht,
die uns zu Deiner Schwelle zwingt,
so hält uns dein Palast im Bann,
bis deinen bunten Zauberteppich
die rosige Morgenhelle schminkt –

bis uns das ganze Firmament
wie eine Wunderschelle klingt,
bei deren Ton das Paradies
samt allen Wonnen dieser Erde
in jede ärmste Zelle sinkt! –

DER GESTÖRTE NACHTWANDLER

Muselparadiesische Reimgirlande
mit zarter Einflechtung etlicher Geistesblüten
neuerer abendländischer Dichter

O Nacht, o Nacht, o – oh – o Nacht der Nacht,
ach, ach, ihr Gläubigen, warum mich wecken
aus ihrem Rausch! – o Rausch der Innenwacht,
der, könnt ich Worte finden, euch erschrecken,
ja trunken schrecken würde gleich dem Stecken,
dem dürren, der in Allahs Gartenpracht,
in der ich jenseits war, eintrank den Schlaf,
den tiefen Blumenschlaf, den wieder jungen,
in welchem die, die heimlich hingedrungen,
die Liebe finden alter Spiegelungen,
die willig ist und offen und konkav
wie Träume, die mit umgestülpten Masken
auftreten, riesig wurzelnd in Kothurnen
und sich verfaltend in den oben flasken
weichlichen Mänteln um die Samen-Urnen,
wo sich das schöngestickte Kraut entspinnt
zum dringend flüsternden Heliotrop
und mit den seltnen Neumondstrahlen minnt
und mit der Lilie buhlt um – ach – ein Lob
vom Bülbül, der an ihren Lieblingsplätzen
sie schreiend preist und noch nicht kennt,
so zart, wie Silben in gesprochnen Sätzen
beisammen stehn, ganz dicht, durch nichts getrennt,
bis der Vokale müdes Violett
hinduftend durch das stumme Himmelbett
zerschmilzt auf dem gesteppten Laube
am seidnen Zipf der Knospentraube
(am seidnen ... Zipf ... der Knospentraube ...)

und bis die Stille, dass sie fast verschwimmt,
gemischt wird, wie Vanille, Zimt
und Öl mit dem Geruch von Kies
sich mischen und zusammen passen
und dich alleine mit all deinem lassen
wie einen Acker mit seinen Massen
von Melissen und Stern-Anis,
wo Hauche, schwer, beinah wie Augenlider,
auf deine Wangen fallen und deinen Mund
und deine Brüste und deine Glieder nieder
und – und – und –
ach! Ihr Gläubigen! *Fänd'* ich doch die Worte,
diesen Satz der Wonne zu vollenden,
Worte, wie sie leicht am gleichen Orte
Deutschlands neuste Meistersinger fänden,
Allah, leih mir ihren Genius –
oder lehr mich so die Leier streicheln
wie die Dichter, welche österreicheln,
ja, mich blendet ihrer Worte Fluss –
Worte, die sich gleich geschliffnen Steinen
auf die Sinne legen, dass man seinen
ungeschliffnen Geist aufgeben muss –
Worte, so sehr ähnlich den Juwelen
wie nur Glasfluss oder Gipsolaps –
Worte – nichts als Worte – die mir fehlen –
mir wird schwach vor solchen reichen Seelen –
ach, ihr Gläubigen – gebt mir einen Schnaps! –

STILLLEBEN

Im Frühling, wenns zu nebeln anfängt –
auf dem Dorfteich –
eines Abends: raake:
erster Frosch.
Raake-racka-paake: zweiter.
Und so weiter, bis der ganze Chor
Raake-paake-racker-quacker-Pack macht.
Über ihnen
dampft der Sonnenglanz –
gaukelt still ein Azurfalter drin –
herrlich – –

47

DER HAHNENKAMPF

Parabel

Liebe Leute, ihr kennt den Baum der Erkenntnis.
Mit seiner Frucht hats ‚ne eigne Bewendnis:
Seit Adam hat niemand sie mehr gesehn,
also wird er wohl ewig in Blüte stehn.
Unter dieser Blüte nistet ein Geist,
in Gestalt eines Gockels, der Gigenius heißt,
ein gewaltiger Kampfhahn bei seinen Lebzeiten,
um den sich noch heut alle Federviecher streiten.
Er ist zwar tot, doch wie ihr hört,
kräht er noch immer ungestört –
ucke-ru-uh! –
Aber jetzt erscheint da ein zweiter Geist,
ein lebendiger, der Gigigenius heißt
und sich vor keinem toten grault,
der kräht: pfi, Gi, du riechst verfault –
ücke-rü-üh! –
Drob schwillt allen Geistern der Kamm mit Macht;
man merkt, es gibt eine Hahnenschlacht.
Man sieht, wie Hals und Brust sich bläht;
wohl dem, der nicht dazwischen gerät!
Sie balgen sich, dass keiner weiß,
wo ist der Kopf, wo ist der Steiß;
und über ihrer Kraftverschwendnis
hängt still die Blüte der Erkenntnis.
Zuletzt ist jeder arg verprügelt,
aber alle krähn sie siegbeflügelt:
ucke-rü-üh!
ücke-ru-uh! –
Drauf gehts mit würdigem Gestapf
an den gemeinsamen Futternapf,

48

aus dem auch schon Gigenius schluckte,
als Gigigenius noch nicht muckte.
Da stehn sie sämtlich ruhmbedeckt,
und jeder nimmt sich, was ihm schmeckt.
Moral: Erkenne, edler Christ,
wie unermesslich der Futternapf ist!
Vielleicht hielt Adams Unverständnis
ihn für die Frucht vom Baum der Erkenntnis.

DIE NEUE WÜRDE

Richard Luksch zur Erinnerung

Ein Künstler war deutscher Professor geworden,
mit der Aussicht auf weitere Ämter, Titel und Orden.
Und weil er von Natur ein Bildhauer war,
erschien nun vor ihm die ganze Schar
von großen, größten und allergrößten Tieren,
die er gewohnt war zu modellieren,
um ihm huldvollst zu gratulieren.
Ein Pavian schnarrte: Herr Professor,
ich hoffe, Sie meißeln nun immer bessor!
Ja, schrie ein Esel: man soll seine schweren Pflichten,
Herr Professor, immer edler verrichten.
Ein alter abgerackerter Gaul
wieherte mit verzognem Maul:
Li-ieber Herr Professor, es gilt des Daseins Leiden
immer wahrer in Holz zu schneiden.
Ein dressierter Hofhund maulte: wau, wau –
ein Kater jaulte dazwischen: au, au –
Herr Professor, die Welt ist schon voller Grauen,
man muss sie immer schöner aushauen.
Pfui! grunzte ein Schwein: ich möchte bitten,
Herr Professor, um immer reinere Sitten.
Ein paar Kameele flehten demütigst:
Werter Herr Professor, verzeihen Sie gütigst,
wir empfehlen des Lebens Malicen
immer klarer in Bronze zu gießen.
Ein Elefant blies in die Trompete:
Hochgeehrter Herr Professor, ich vertrete
die alte Weisheit der Brahmanen,
lassen Sie immer Tieferes ahnen!
Ih – quiekte eins von zwei Karnickeln:

wir wollen uns immer höher entwickeln!
Vier vergnügte Hamster aber hockten im Kreise,
die schnauften in ihrer verfutterten Weise:
Teurer Herr Professor, die Not lehrt beten,
lernen Sie immer zweckvoller kneten!
Und – mahnte ein Truthahn mit Gekoller:
natürlich immer ordnungsvoller!
Im Gegenteil! kreischte ein Lämmergeier:
selbstverständlich immer freier!
Ein Löwe brüllte: Professor, ich rate nur
immer stolzere Positur!
Ein spukhaft hopsendes Känguru
walzte vorüber und pfiff dazu:
Herr Professor, man will Sie bloß vexieren,
Sie müssen die Form immer feiner komplizieren.
Ein kluger Storch hob sacht ein Bein
und klapperte mit Bedacht: Nein, nein,
bester Herr Professor, es gilt auf Erden
nur immer einfältiger zu werden.
So erteilten die Tiere, große und kleine,
wilde und zahme im Vereine,
dem Herrn Professor ihren huldvollen Rat,
als plötzlich aus dem Gratulanten Staat
eine goldschmucke Paradiesvogelhenne
aufflog und gluckste: Wie ich dich kenne,
Freund Künstler, wirst du dir nun vorspiegeln,
du sollst unsre Göttin Natur verschniegeln,
und wirst deiner neuen Würde grollen
und immer raubeiniger werden wollen.
Und der Herr Professor knurrte was in den Bart
und sah wahrhaftig aus wie behaart
und streckte verbiestert alle Viere.
Da erschien zuletzt in seinem Quartiere
das wildeste und zahmste der Tiere:
ein Weib. Das sprach: Lieber Mann, deine Würde
ist freilich eine künstliche Bürde.

Aber wir Menschen treiben's eigentlich nie
so natürlich wie das übrige Vieh;
selbst die nackte Braut trägt an der Hand
ein Ringelein als züchtiges Pfand.
Sieh, mit unsern Klunkern, Zierden und Ehrenzeichen
will die alte Hexe Natur erschleichen,
dass sich ihr irdisches Maskenfest
nicht noch tierischer gehen lässt.
Drum, Künstler, lass dich ruhig verhimmeln;
und damit deine Anbeter nicht verlümmeln,
lern dich als würdiges Vorbild gebärden,
denn der Mensch will – immer noch menschlicher werden.
Da hat der neue Herr Professor gelacht,
hat seiner Frau einen himmlischen Bückling gemacht
und sich sein göttliches Haupthaar geschoren.
Seit der Zeit sind die Herren Professoren
der deutschen Kunst-Akademien
nicht mehr als Trampeltiere verschrien.

GÜTIGE BOSHEITEN

I

Alles frommt im Garten Gottes,
auch der Bienenstich des Spottes;
selbst vom schärfsten Stachelreim
träuft des Ruhmes Honigseim.

II

Wenn des Zechers Hohn dich trifft,
Mundschenk, magst du lächelnd lauschen;
durftest du ihn doch berauschen,
und kein Wein ist ohne Gift.

III

Selbst der rarste Diamant,
dem Verächter ist er Tand.
Ach, wie arm wär jede Spende,
wenn sie keine Gnade fände!

REINERTRAG

Was wir sammeln, was wir speichern,
mag's die Erben noch bereichern,
einst vergeht's.
Nur der Schatz der Seelenspenden
wächst, je mehr wir ihn verschwenden,
jetzt und stets.

DEN EMPFÄNGLICHEN

I

Ein Wörtlein Dank – o schönster Schall:
des Schöpferwortes Widerhall.
Uns allen ahnt kein höher Glück:
nun tönt die Welt zu Gott zurück.

II

Klingts auch manchmal schrill im Chor,
Andacht ringt und will empor;
Liedchen, Stimmchen, noch so schwach,
schwingt sich doch zum Himmelsdach.

III

Komm und lass dich ganz gewinnen:
sieh, der Schöpferbecher kreist,
voller Lebensglanz den Sinnen,
voller Liebeslicht dem Geist.

DEN AUSLEGERN

Man soll alles nehmen, wie es ist;
das Licht legt wirklich Gold auf den Mist.
Nimmt man es aber durch die Blume,
dann natürlich bis in die Wurzelkrume!
Da sitzt ein Kobold, der sich ins Fäustchen lacht
und aus übeln Düften Wohlgeruch macht.

DICHTERSPRACHE

Dichter kann man nicht ergründen;
seid nur, Freunde, recht erhoben!
Jede Flamme schlägt nach oben,
jeder Geist wird weiter zünden.
Durch den Rauch der Worte steigen
alle auf ins blaue Schweigen.

DICHTERSCHICKSAL

Alfons Paquet zum Andenken

Eine heilige Dichtung vernahm ich:
von einem Diener, der willig sich opfert
der herrischen Zucht eines Heldengeschlechtes,
wie der Urwaldbaum sich samt all seinen Früchten
dem Boden hingibt, dem er entspross.
Ach, aber wo lebt das Volk, das dich hört,
von Ahnengeistern begeisterter Dichter?
Und dennoch atmet die Klage Jubel:
von jeher säte der Dichtergeist
seine Früchte aus in scheintotes Land,
des Daseins opferwilliger Diener,
künftigen Lebens erhabener Ahnherr,
volkstreuer Held wie der Urwaldbaum.

DER GEDULDIGE DICHTER

I

Der Dichter steht am Herd und schürt
und wartet, dass sein Volk sich rührt.
Das Holz liegt da, der Funken auch;
wann springt die Flamme aus dem Rauch?

II

Das Publikum hat gezischt und geklatscht,
die Kritiker haben gequietscht und gequatscht.
Der Dichter lächelt: Das verschallt,
rings rauscht mein immergrüner Wald.

III

Was soll mir euer Lorbeer, Freunde;
an jedem Blatt zupfen hundert Feinde.
Bringt Blumen, edle Früchte, Wein:
die Kunst will sich des Lebens freun.
Den Lorbeer legt mir aufs Totenkissen;
da wird er nicht mehr heruntergerissen.

JUBILÄUMSVERSE

LILIENCRON

O Detlev, sechzig Jahre
ward dir Moral geleiert;
jetzt hast du graue Haare,
jetzt wirst du als der wahre
Jugendmusterknabe gefeiert.

WILHELM RAABE

Es geht eine Sage: Der alte Raabe.
Odins Vögel klagen auf seinem Grabe:
ach, gäbs doch heute in Deutschlands Gauen
mehr seinesgleichen und weniger Pfauen!

HEBBEL

Verzeih mir, Hebbel, deines Festes Störung;
ich will die Leute, die sich heut erfrechen,
Dich als den ihren anzusprechen,
nicht unterbrechen,
nur endlich einmal aufschrein vor Empörung.

IN MAJOREM GLORIAM

Wenn die Bratenbarden leiern,
wenn die Schwätzer Vivat schrein,
gönn es ihnen, Feste zu feiern,
Künstler, mach dich nur nicht mit gemein!

Deinem Werk gebührt die Ehre,
dir geziemt Unnahbarkeit;
siehe, über die Sternenheere
herrscht Gottvater in Verborgenheit!

Feire dich in deiner Klause,
wie kein Mensch dich feiern mag,
stiller Geist im Weltgebrause:
dein Geburtstag ist der Schöpfungstag!

SCHÖPFUNGSFEIER

Oratorium natale

CHOR DER AHNEN

Welch ein Festtag! Wieder reihn sich Flammen,
wieder neigen Blumen sich zusammen,
Kind, weil Du am Leben bist.
Kind, noch immer Kind, trotz deinen Jahren,
horch, ein Vatergeist will heut erfahren,
ob dein Herz dem Leben dankbar ist.

DER VATERGEIST

Sieh, er fragt dich mit gebeugtem Rücken,
den die Schatten seiner Taten drücken,
doch mit ungebeugtem Sinn:
Denkst du noch an meine Züchtigungen,
harten Worte, strengen Forderungen?
wozu nahmst du so viel Trübes hin?

Und ich seh, du blickst auf deine Hände,
auf dein Festgewand, auf Tisch und Wände,
und du lächelst stolz und mild.
Ja, du lerntest dich zum Schaffen zwingen,
all das Wohlgefügte dir erringen,
das dich heut entzückt als helles Bild.

Aber dazu Jahre voller Plagen,
um ein Augenblickchen zu erjagen,
wo das Leben Glanz gewinnt?

Aber schon ergreift mich dein Entzücken,
dankbar hebt sich mein gebeugter Rücken:
dieser Augenblick ist göttlich, Kind!

CHOR

Dieser Augenblick ist selbst dem Bangen
einer Mutterseele Dank genug.
Heut erscheint sie dir von Glanz umfangen,
die dich einst mit dunklem Lichtverlangen
unter ihrem Herzen trug.

DIE MUTTERSEELE

Voll Entsetzen hörte sie dich wimmern,
als man dir vom Körper wusch ihr Blut.
Zaghaft sah sie in verhängten Zimmern
dein klein Seelchen wie ein Flämmchen flimmern;
heut ist's eine große Glut.

Saaten Lichtes treiben in dir Sprossen,
überschwänglich flammt die Himmelsflur;
Welten hält dein freier Blick umschlossen,
strahlend zeigt er Freunden und Genossen
unsers Daseins ewige Spur.

Zwar im Nebel auf den irdischen Auen
tönt bald fern bald nah des Todes Ruf.
Doch Verklärung quillt aus seinem Grauen:
unsern Kindern bleibt der Himmel blauen,
den die Mutterseele schuf.

EIN PAAR KINDERSTIMMEN

Deine Kinder sehn den Himmel gerne,
auch bei Nacht sein hohes helles Sieb;

aber mehr als Sonne, Mond und Sterne
sind uns deine Augen lieb.

Und so lieb und solche hellen Wunder
sind auch unsre Augen dir;
Sonne, Mond und Sterne sind nur Zunder
zwischen dir und uns, das fühlen wir.

DIE MUTTERSEELE

Immer heller wird uns angezündet
rings vom Vater Geist dies Flammenspiel.
Jede Kerze flimmert ihm verbündet,
jede Blume schimmert einbegründet
in sein glanzverhülltes Ziel –

CHOR

in sein glanzverhülltes Ziel.

DER VATERGEIST

Immer wieder lockt es die Entzückten,
bis die Mutter Seele den beglückten
Schöpfungsaugenblick genießt.
Weil wir's nie und immerfort erreichen,
tragen wir des Ringes heiliges Zeichen,
das von Hand zu Hand die Welt umschließt –

CHOR

das die weltenvolle Welt umschließt.

ZWEITE HÄLFTE

WAHRSPRUCH

Dass der Mann am Weib sich freut,
dass die Freude Samen streut,
das ists, was die Welt erneut.

BALLADE VON DER WILDEN WELT

Schöne stille Seele
hatte einen Garten,
rings um den Dornheckenwerk
und Urwalddickicht starrten,
einen Blumengarten.

Schöne stille Seele
saß in ihrem Zelt,
bebte vor den Hässlichkeiten
oh der wilden Welt,
in ihrem seidnen Zelt.

Schöne stille Seele
sah gern Kolibris
durch die Blütenbüsche huschen
überm warmen Kies,
die goldnen Kolibris.

Und die bunten Schmetterlinge,
und die blanken Schlangen;
schöne stille Seele
sah sie gern im Dickicht prangen,
die sonnenblanken Schlangen.

Sah auch gern die blauen Blitze
über den Wäldern jagen
und die fernen schneebedeckten
Kraterberge ragen;
schöne stille Seele!

Schöne stille Seele
erschrak auf einmal sehr:

durch das Dornwerk drang ein hoher
wilder Fremdling her.
Seele bebte sehr.

Fremder Weltumsegler,
ich saß so schön allein;
du wirst mich Schlange schelten,
dann werden wir hässlich sein.
Und stehst so schön allein.

Schöne stille Seele
konnt all das nicht sagen,
sah den Fremdling vor sich höher
als die Berge ragen;
konnt kaum Willkomm sagen.

Konnt ihn nur empfangen endlich,
Ihn – o wilde Welt –
Blitze, Blüten, Kolibris
jagten um ihr Zelt –
schöne wilde Welt! –

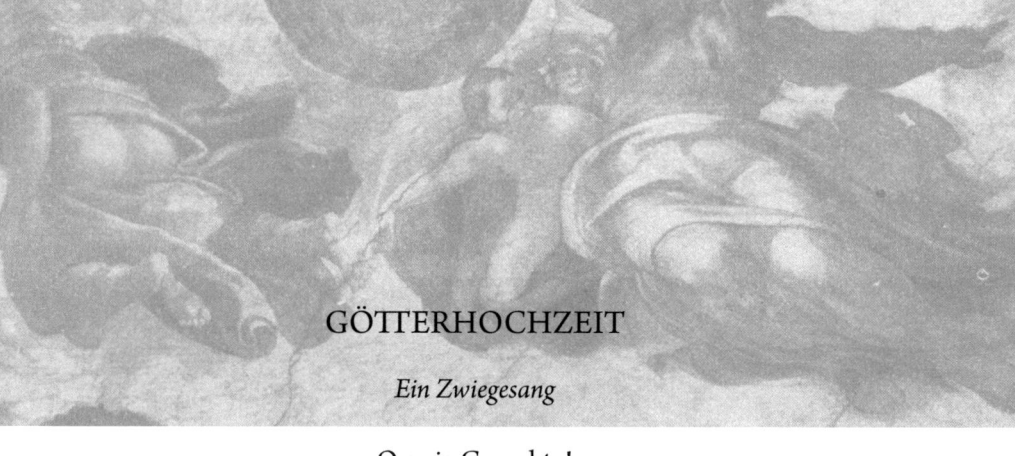

GÖTTERHOCHZEIT

Ein Zwiegesang

O ewig Gesuchte!
»O endlich Gefundener!«
Im Umsturz der Welten!
»Am Quell der Gestirne!«
Überm donnernden Absturz
meiner verschütteten Geister.
»Unterm sanften Aushauch
unsrer verströmten Seelen.«
Die Sphären weinen.
»Der Äther lächelt.«
Äonen waren.
»Äonen werden sein« –
werden –
»sein! –
lass uns lachen, Geliebter!«
Lachen?
»Jubeln!«
Geliebte, wem?
»Äon dem Ungeborenen!«
Äon dem Wiedergeborenen – –

ZWEIER SEELEN LIED

Lieber Morgenstern,
lieber Abendstern,
ihr scheint zwei
und seid eins.

Ob der Tag beginnt,
ob die Nacht beginnt,
findet euer Schein
in uns Zweien die Liebe wach.

Lieber Abendstern,
lieber Morgenstern,
hilf uns Tag für Tag
eins sein, bis die letzte Nacht uns eint.

PSALM ZWEIER STERBLICHEN

DER MANN

Göttin Zukunft,
mit gefesselten Händen hältst du
eine geschlossene Schriftrolle,
drin mein Schicksal verzeichnet steht.
Langsam, Tag für Tag,
ringe ich deinen Fingern
Zoll für Zoll die Urkunde ab,
Zeile für Zeile.
Bis der Augenblick kommt,
wo das entrollte Papier,
eh ich das letzte Wort noch las,
meinem erschöpften Arm entfällt;
und mit gefesselten Händen
gibst du den Winden zur Sage anheim,
was ich tat.

DAS WEIB
(von Ida Dehmel)

Schicksalsgöttin,
ich liege vor dir auf den Knien.
Du hältst in deinen, ach, gefesselten Händen
eine goldene Tafel,
drin die Namen nur derer eingegraben stehn,
die Unvergessliches taten.
Auf den Knien, Schicksalsgöttin,
bitte ich dich:
Lass mich nicht ins Namenlose versinken!
Spreng deine Fesseln – oder
nur einen Augenblick

reich mir die goldene Tafel,
und neben die Runen der Helden und der Weisen
schreibe ich hinsinkend:
Ich liebte.

DAS PERLGEWEBE

Von Ida Dehmel

Ich sitze dunkle Frau in meinem Zimmer,
stille, dunkle, große Frau.
Weiß ist das Zimmer, weit seine Wände;
weiß ist mein Kleid, mein Webstuhl weiß.
Und vor mir buntgehäuft ein Schatz Perlschnüre.
Was will ich dunkle Frau denn weben? – Mein Leben.

Weiß, weiß und golden sind die Farben meiner Jugend,
ein morgenblauer Himmel über mir.
Himmelschlüssel blühn auf unsern Wiesen.
Viele kleine Blumen will ich weben,
zart ein glückliches Lachen dazwischen,
Alles leuchtet dem spielenden Kind.

Mutter starb. Die Farben werden blasser.
Dunkle Trauerzweige sprießen auf,
schwanke Linien aus flimmerndem Grund,
Tränen glitzern, Sehnsuchtstränen.
Kind, ich große Frau möcht gern dich trösten;
sieh, ich setz ein funkelnd Sternlein über dich.

Und nun mischen sich die bunten Perlen:
stolz und heftig schießt ein Blutrot hoch
durch ein trotziges Gelb in schroffen Kanten,
hell im Kampf mit strengen grauen Mächten
bäumt die aufwärtsflammende Seele sich:
rot und golden sind die Farben dieser Jungfrau.

Und aus Rot und Gold paart sich ein Schrei nach Liebe.
Rosen blühn aus meinen Händen auf,

73

jeder Kelch voll Tau und Sonnentraum.
Schwer in Büscheln rankt sich ein Clematisstrauch
um die Rosen lilasanft ins Blaue;
die Verheißung glüht aus allen Blüten.

Die Erfüllung log. Nun wirren sich die Fäden.
Fahl und grell verschlingen sich die Schnüre.
Jeder Weg ein Irrweg, und kein Kreis geschlossen.
Zuchtlos drängt sich wildes Gestrüpp
über meine Wiesen, meinen Blumenteppich;
und der Stern der Mutter birgt sich hinter Nebeln.

Da – ein klarer Klang: stark: eines Helden Ton.
Schwarz wie der Ursprung, golden wie das Licht,
und moosgrün wie der Wald, aus dem die ersten Menschen kamen.
Auch blau sein Himmel, aber mittagsblau;
auch rot sein Blut, doch nordlichtnächtig rot.
Und über Alles breitet sich sein Glanz.

O wie sich unsre Farben herrlich einen:
Leere wird Fülle, und sie strömt wie Quellen,
aus ihren Fluten steigt des Schöpfungstages Feste,
mein Stern strahlt durch des Weltbaums Blütenäste –
So kann ich meine Träume und mein Leben
zum Werk verwebt in Gottes Hände geben.

BALLADE VOM FREIEN HERZEN

Max Dauthendey zum Andenken

Es hatte ein Held eine Fee befreit
aus eines Drachen Klauen;
sie ruhte an seinem Panzerkleid
voll Freude und Vertrauen
auf seinem raschen Pferde.

Mein Held, was klopft dein Herz so sehr,
als wollt es dein Kettenhemd sprengen;
ich begehre nach keiner Freiheit mehr,
möcht ewig so an dir hängen
auf deinem raschen Pferde.

Sie kamen an einem Röhricht vorbei,
draus schnob eine Hydra Flammen;
der Ritter machte sein Fechtzeug frei
und zog die Zügel zusammen
auf seinem raschen Pferde.

Mein Held, mein Gebieter, was ficht dich an,
was lockt dich noch zu streiten;
ich weiß, du bist mein beherzter Mann,
komm, lass uns weiter reiten
auf deinem raschen Pferde.

Meine Fee, meine Herrin, dir zum Preis
wollt ich mein Herz wohl bezwingen;
aber eh ich's niederzügle auf dein Geheiß,
eher soll mich die Hydra verschlingen
samt meinem raschen Pferde.

BALLADE VOM KUCKUK

Elena Luksch zur Erinnerung

Du hast drei schöne Kinder, Frau,
sie spielen um unsre Füße im Gras;
was schweift dein Blick in die Wolken?

Ich warte auf meinen Kuckuk, Mann;
er ruft mir immer von fern was zu,
immer zu, wenn die Kinder spielen.

Was hat er dir zuzurufen, Frau?
was schweift dein Blick so fremd und bang,
dass mir graut für unsre Kinder?

Unsre Kinder bleiben nicht unser, Mann;
sie spielen mit Blume und Schmetterling,
einst horchen sie auch auf den Kuckuk.

So will ich den Kuckuk totschießen, Frau;
ich schoss schon manchen Habicht tot,
der unser Hühnervolk schreckte.

Kam immer wieder ein Habicht, Mann,
kommt immer wieder ein Kuckuk von fern;
horch, nun schreckt dich selber sein Lockruf.

LIEBESNOTSPRÜCHE

I

Wo im wirren Weltgebrause
zwei versprengte Funken sprühn,
die aus reiner Lust sich mühn,
klar einander zu durchglühn:
Liebe, da bist Du zuhause.

II

Der Drache Leidenschaft
speit Lust um sich wie Feuer;
stählt dich nicht Liebeskraft,
frisst dich das Ungeheuer.

III

Wie lässt sich Alt und Neu,
o Liebeslust, vereinen?
Bleib dir nur selbst getreu,
so bleibst du's all den Deinen.

AUFGLANZ

Der Mond ist neu geworden,
nun kommen die dunkeln Nächte;
da klopft das Herz mit stärkerem Schlag
und wünscht ein anderes Herz herbei,
an dem es erglühen möchte.
Glühn bis ins ruhelose
dunkelste Blut hinein:
o Nacht, gib Licht,
o Tag, erschein,
die Welt ist neu geworden!

DIE FRAGE

Kann ich dein Herz beglücken?
liebreiche Seele, nein.
Ich kann dich an mein Herz drücken,
fühlen musst du's allein.

Noch im glückhellsten Gesange
schwebt ein dunkler Klang;
lausch ihm nicht zu lange,
sonst wird dir bang.

Ob ich dir tausendmal sage:
ich liebe dich –
immer doppelt bebt drin die Frage:
liebst du mich? –

DIE KETTE

Du hast mir eine Kette geschenkt.
Ich soll sie um meinen Nacken legen.
Ich werde sie tragen, um meinen stolzen Hals,
offen auf meiner Brust vor allen Leuten:
Du hast mir ja die Kette geschenkt.
Ich möcht auch heimlich mein Herz dran hängen;
Himmel, mein Herz, woran hängt es schon?
An den Blicken meiner treuen Frau,
an den Locken manches treulosen Fräuleins,
an den Schmucksachen, die sie zu Weihnachten wünschten,
den Schmetterlingen, die wir im Hochsommer haschten,
an den Zugvögeln, die jetzt über uns wegziehn,
den fremden Blumen, die sich jenseits der Meere
auf paradiesischen Bäumen schaukeln,
an dem unvergesslichen Horizont meiner Heimat
und den feurigen Sternen nie erblickter Zenite,
an alldem, alldem hängt mein Herz,
mein armes Herz. Sprecht, gütige Sterne:
wie fass ich so viel Reichtum zusammen? –
Du hast mir eine Kette geschenkt! – –

VORBEDEUTUNG

Blumen hast du mir geschickt,
Flammen, gelb und rot;
eine aber war darunter,
eine wundervolle,
die schien tot.

Schien vor Durst zu sterben;
komm, du kannst noch leben!
trink, ich will dir jede Stunde
Wasser, frisches Wasser,
holde Blume, geben.

Und nun flammt und strahlt sie wieder
und sieht zu,
wie ich auf ein Wunder warte,
das noch holder strahlt,
Flammenspenderin du!

STÄNDCHEN

Das Rosenstöcklein steht in Flor;
o Gärtnerin, wie blüht's empor!
Sie hat ihr Pförtlein zugemacht.
Tiefe Nacht.

Die schönste Rose in der Hand;
ein Knösplein saß am Blütenrand.
Es lugt sie an im Traum und lacht:
Süße Nacht.

Es lugt nach ihren Lippen hin;
wie's schwillt, wie's schwillt, o Gärtnerin!
Genieße doch die Blütenpracht!
Gute Nacht!

ENTZÜCKUNG

Hab ich schon mit dir gespielt,
als wir Kinder waren,
scheu um Nachbars Ecke geschielt
nach deinen flirrenden Haaren?

»Wenn mich nur dein Atem streift,
fühl ich uns durchs Heidekraut springen;
wenn mich deine Hand ergreift,
möcht ich mit dir ringen.

Bist du doch so schlank und schmeid,
dass ich Tag für Tag sinne:
Spielst du mit mir Engelsmaid
oder Frau Teufelinne?

Denn in Nächten, da schwing ich dich
flügeltraumwild um hohe Feuer.
O, umschling, umschlinge mich,
glühendes Abenteuer!

VERKLÄRUNG

Schwer sind dir die grauen Tage?
Seele, komm: ich nehm dich ganz,
wie du willst, du liebe Plage!
Horch, der Regen rauscht wie Tanz,
und die Windsbraut singt und geigt:
Nichts ist schwer, sind wir nur leicht!

Schwingen wir nur erst im Reigen,
hingerissen Spur in Spur,
braucht kein Engel mehr zu geigen,
Erde wird zur Himmelsflur.
Tanze, leichte Seele, tanz:
jeder Tag hat seinen Glanz!

BENEDEIUNG

Gestern hobst du verzweifelt die Hände,
deiner heiligen Namenschwester gleich,
als ihr ein Schwert durch die Seele ging.

Heute breit' ich entzückt die Arme,
allen Heiligen mich vergleichend,
weil mir Dein Schwert durch die Seele ging.

Neige dich zu mir, Maria,
lass uns lauschen,
wie die himmlischen Heerschaaren über uns jubeln.

ENTRÜCKUNG

O nein, mir wird es nicht zur Qual,
so sehr es dich und andre quält,
wenn du ins Grenzenlose blickst;
ich bin wie du ein schlanker Stahl,
und der sich immer strahlender stählt,
je mehr du ihn durch Kämpfe schickst.

Aus deines Auges innerm Ring
flimmert ein sternglutweißes Licht
durch Schwarz und Grau, du arge Frau;
dies Licht, das mich seit je umfing,
sieh, das entrückt mir dein Gesicht
in mein geliebtes ewiges Blau.

EMPORSTURZ

Einmal, Erde, wollt ich dich küssen:
ein Weib in Armen, jach Schoß an Schoß,
zu Boden stürzend in rasendem Tanz.
Da winkte ein Mädchen mir zum Reigen,
einen weißen Mantel um die Hüften,
in den tiefblauen Augen einsamen Glanz.

Glanz aus fern aufsteigenden Räumen,
Glanz aus längst versunkener Zeit,
Glanz des Mondes im stillen Meere,
Glanz der Sterne über der Wüste:
Lauterkeit.

Und da lag ich im Staub und hüllte
meine grauen Haare in ihr Gewand,
wie einst Josef hin vor Mirjam kniete,
als er den heiligen Geist empfand.

DAHIN

Mit gesenkten Blicken
durch die Menge hin,
durch die fremde dunkle Menge,
eine traumentstiegene Palme,
kam die junge Priesterin.

Mit geschlossenen Wimpern
an den Altar hin,
ruhig an den flammenden Altar,
eine nachtgewiegte Zypresse,
trat die junge Priesterin.

Mit aufstrahlenden Augen
in zwei andre Augen hin,
Augen aus der Fremde,
nie gesehene Heimatsaugen,
eine starre Mimose,
stand die junge Priesterin.

Mit hochzuckenden Händen
vor die Flamme hin,
vor die heilige Opferflamme,
eine blitzgetroffene Zeder,
sank die junge Priesterin.

Mit weit offenen Armen
in die Nacht dahin,
wild hin in die fremde Nacht,
eine Sturm ergriffne Liane,
schwand die junge Priesterin.

LIED AN DEN MOND

Willkommen, weißer Mond im Blauen,
allein.
Lass mich in Deine Heimat schauen,
sei mein.
Ich sitz im Dunkeln voll Geduld,
du scheinst.
O leuchte jedem heim voll Huld,
dereinst.

AUFRICHTUNG

Hörst du nachts die leere Stille schallen?
Tote Seelen rufen dich von fern.
Eine aber war dir wert vor allen;
o, nun möchtest du vor Schmerz ihr folgen,
ihr und ihrem unsichtbaren Herrn.
Und du kannst nicht fassen,
dass du weiterlebst,
dass du deinen Arm zur Abwehr
hoch ins Dunkel hebst;
und auf einmal schweigt es,
und mit frommen Händen
legst du deinen Schmerz auf einen Stern.

VEREWIGUNG

Freund in der Ferne, wer du auch seist,
Flüchtling auf der Erde wie ich,
die wir zwischen den Sternen hausen,
du ein Unvergänglicher,
ich ein Unvergänglicher,
weil wir's fühlen –
sieh, ich feire eine Seelenbefreiung.
Ich sitze am Sarg einer lieben Gestalt,
wie ich an manchem Sarg schon saß
und an manchem noch sitzen werde:
ich habe geweint, ich lächle.
Diese liebe Gestalt wird bald zerfallen;
nie mehr wird ihr Mund mir Rätsel aufgeben,
ihre Hand mir die Stirnfalten lösen,
nie wieder werden ihre Augen
mir die Sonne ins Herzdunkel spiegeln.
Nichts wird weiterleben von ihrer schlanken Erscheinung,
nichts als ein Schemen in meinem Gedächtnis,
bald verdrängt durch ihr Bild von fremder Malers Hand,
durch viele andre Schattenbilder,
und auch die werden alle zerfallen.
Nur was sie seelvoll zusammenhielt,
was uns zusammenhält noch beide,
warum wir Blick in Blick einst erbebten:
nur das wird bleiben zwischen den Sternen,
wird immer neue Gestalt annehmen,
wird warten, dass auch ich mich verwandle,
bis wir einander wieder erscheinen
in den Scharen der Ätherdämonen,
wieder erbeben.
Dann werden wir uns wohl begrüßen
wie einst auf Erden das erste Mal:

uns nicht erkennend, nur beglückend,
viel zu beseligt der neuen Gegenwart,
als dass wir alter Zeiten gedächten.
Und werden uns wohl wieder wundern,
im stillen fühlend: das letzte Mal,
da haben wir geweint zusammen,
da mussten wir uns noch befreien –
jetzt lächeln wir, jetzt lächeln wir –
wir Unvergänglichen – –

NACHGLANZ

Einst geliebte Seele,
immer noch empfundne,
sternklar weist die Nacht mir Weiten,
die auch dich umschließen,
du entschwundne.

Gütig glänzen wieder
alle Lichter oben,
die uns je zu gleicher Andacht
von der trüben Erde
auferhoben.

Einsamkeit und Dunkel
sind nun nicht mehr Qualen.
Dankbar betet Seel in Seele:
Sterne, all ihr Sterne,
helft uns strahlen!

GLEICHNIS

Es ist ein Brunnen, der heißt Leid;
draus fließt die lautre Seligkeit.
Doch wer nur in den Brunnen schaut,
den graut.

Er sieht im tiefen Wasserschacht
sein lichtes Bild umrahmt von Nacht.
O trinke! Da zerrinnt dein Bild:
Licht quillt.

HOCHSOMMERLIED

Golden streift der Sommer meine Heimat,
brotwarm schwillt das hohe reife Korn,
wie in meiner goldnen Kinderzeit;
habe Dank, geliebte Erde!

Schwalben rufen mich hinauf ins Blaue,
weiße Wolken türmen Glanz auf Glanz,
wie in meiner blauen Jünglingszeit;
habe Dank, geliebte Sonne!

EINST IM HERBST

Conrad Ansorge zum Andenken

Durch den Wald, den ernsten alten Wald,
    sprangen drei Mädchenrangen;
hatten Flammen von Abendglanz im Haar,
schwangen Zweige mit rotem Herbstlaub,
    ließen sie prangen, ja prangen.

Kam ein Herr, ein ernster alter Herr,
    durch den Glanz gegangen;
bot ihm eine lachend ein Zweiglein dar,
schönes rotes Herbstlaubzweiglein,
    lachend mit blutjungen Wangen.

Stand er lächelnd, lächelnd im ernsten Wald,
    während sie weitersprangen;
schwang sein rostrot Zweiglein im Abendglanz,
sah die ihren drei flammengolden
    fern noch prangen, ja prangen.

LIED IM WINTER

Trüb sucht dein Blick: wann wird sie wieder blühn?
Die harte Erde lässt mit kaltem Schweigen
die Wipfel in den klaren Himmel zeigen
um die verschneite Bank im Wald,
auf der du einst ein Frühlingsglück umarmtest;
nun sprießt Reif an den starren Zweigen.
Dann willst du weitergehn den alten Gang,
da schluchzt ein Vogelherz, du weißt nicht wo,
die Stille klingt ihm nach: sie blüht, sie blüht!
Lichtblüten glitzern über allen Steigen!

FLIEGERSCHULE

Kinderlied

Kommt, wir lernen fliegen!
Woher denn Flügel kriegen?
Von den achtzig Winden.
Wo sind die zu finden?
Überm ewigen Eise.
Wer bezahlt die Reise?
Da oben steht ein goldner Stern,
der belohnt die Sieger gern;
holt euch nur die Preise!

VOGEL GREIF

Ballade

Mein Flieger, mein kühner, wo gehts heut hin?
»Hoch über die Wölken, schöne Gönnerin;
   höher als höchste Alpenspitzen
   soll mein Fahrzeug durchs Weltblau blitzen.«
Vogel Greif heißt dein Fahrzeug? »Vogel Greif;
   heut soll er den Sieg mir greifen.«

Du kühner, du stolzer, dann nimm mich mit!
Und sie sprang in den Sitz mit straffem Schritt.
   Nur an ihrer Brust das Blumensträußchen
   zitterte wie ein gefangnes Mäuschen,
   als sie sich lachend den Wetterpelz
   um die schlanken Hüften legte.

»Du kühne, du schöne, wirf weg den Strauß!
Leicht fliegt ein Blumenblättchen heraus;
   ein einziges Blättchen ins Flugwerk verschlagen
   kostet uns beiden Kopf und Kragen.«
Und während der Vogel Greif knatternd stieg,
   kobolzte der Strauß in ein Kornfeld.

Viertausend Meter stieg er und mehr,
   eisig kreiste das Weltblau um sie her;
   aus stürzenden Wolken in sausendem Bogen
   stiegen sie lachend, lachend, und flogen,
   bis die Erde ein fernes Fabelland war,
   Vogel Greif – da stockte das Flugwerk.

Da stockte das Lachen; nur's Steuer noch klang,
schrill das Steuer im Gleitflug-Sturmgesang.

Durch sausende Wolken in stürzendem Bogen
glitten sie keuchend, keuchend, und flogen,
bis die Erde schon fast wieder Erde war:
Vogel, greif! Da knackte das Steuer.

Wie vor zwanzig Minuten der Blumenstrauß
kobolzten sie aus dem Wrack hinaus,
hinaus, umklammert in wirbelndem Kreise
mit fliegenden Haaren zur letzten Reise;
du kühner! Du kühne! Klangs geisterleise
auf ins eisige Weltblau.

Und als man sie fand, er atmete noch,
im Todesfiebertraum sah er hoch,
hoch über die Wolken und hauchte: siegen –
morgen werden wir höher fliegen –
morgen –
höher – –

RUF AN DIE KÜHNSTEN

Du junger Bergsteiger,
der in den Sturm deine Arme streckst,
dir Fichtenwipfel als Flügel nehmen,
Wolken und Sterne herabfegen möchtest
und sie mit Schweiß und Blut,
Deinem Schweiß und Blut,
in eine neue Welt umkneten,
wie auch ich einst, auch ich:
lern Kraft sammeln!

Ruhig am Meerufer sitz ich jetzt,
seh dich auf halber Höhe keuchen,
höre den Seegang aus drangvoller Weite
unablässig heranrollen
und rufe dir zu:
Keine menschliche Maßlosigkeit
fasst den unermesslichen Weltplan.

Oft stand ich auf schwindelnder Gletscherkante,
nur geklammert an meinen Eispickstock,
ohne Führerseil,
über Wolkenmeeren,
über den Berghäuptern allen rings,
selbst den Morgenstern mir zu Füßen,
selbst die Sonne,
und –
musste dennoch mein Haupt senken,
musste hinab wieder steigen
unter die Sonne,
unter die Wolken,
zwischen die Schatten der kleinsten Klippen.

Denn kein Weltschöpfer ist der Mensch,
nur der Erdgeschöpfe gewaltsamstes.
Nicht ein Sternchen vermagst du
aus seiner Achse zu reißen,
nur in deinem Fernrohr kannst du es drehen.
Einen Turm kannst du bauen auf jeder Höhe,
wo du Werkleute hinzuführen vermagst;
kannst ein Schiff steuern in jede Weite,
ein Flugschiff sogar, das Helden mitträgt,
soweit du dich samt deinem Werkzeug
in den windigen Bann der Erdschwere fügst.

Das kann Menschengewalt, du junger Steiger,
du Flieger, ihr jungen Vorstürmer alle:
Tatkräfte sammeln!

FÜHRERSPRÜCHE

I

Ob wir reden, ob wir schweigen,
aus den Tiefen klingt ein Raunen:
Lasst uns auf die Höhen steigen
und in alle Weiten staunen!

II

Und trotzt er noch so starr, der ewige Firn,
wir setzen doch den Fuß auf seine Stirn;
wer von Natur hinaufberufen,
dem fügt sich jeder Berg zu Stufen.

III

Sei der Aufstieg noch so schwer,
schwerer drückt die Luft im Tal.
Aus der Niedrung dampft Begehr:
führ uns, reiner Gipfelstrahl!

DIE MUSIK DES MONT BLANC

ERSTER SATZ

Wenn du hoch im Flugschiff bei funkelnder Winternacht
überm Schneefeld der Großstadtdächer hintreibst,
untergetaucht ist alles unreine Stückwerk,
in dem ruhevollen Lichtnetz der Straßenschluchten
sind die Türme und Kuppeln nur flüchtige Knotenpunkte
dir und deinen Gefährten zur Richtung,
von eurer Brustwehr sinnt ihr mit Göttergefühlen
auf die eingemauerte Menschheit hinab,
das verkrochene Arbeitsgewürm,
das sich müde plagte für eure Lustfahrt:
wenn dann dennoch ein Anflug eisigen Schauders
aus dem Hetzwutgeräusch der Treibschraubenflügel
deinen Blick emporschnellt zwischen die stillen Sterne,
weht ein Ton immer höheren Raumes dich an,
und von Worten durchstürmt, die Gipfel und Abgründe bergen,
ahnst du die Musik des Mont Blanc.

Fliehst wohl gern die Stadt auch bei glühendem Sommertag,
auch du arbeitsmüde, steigst aus dem Eilzug,
schleppst deinen Dunst durch den Landstraßenstaub,
findest ein dürftiges schattengrünes Fleckchen,
wirfst dich matte Raupe ins Gras,
schmachtest ins Blau nach einer Gewitterwolke,
bis dir ein Schmetterling durch deine Schwermut taumelt,
bis eine Schwalbe dich dem Taumel entreißt,
bis du als Adler aus himmelgewiegter Weite
auf dich herabträumst – Da, o Erweckung:
traf dich ein Anhauch immer leichterer Luft?
Schwebte ein Laut immer weiteren Raumes dir vor?

Da verwünschst du deine Versunkenheit,
sehnst dich nach der Musik des Mont Blanc.

Was will Sehnsucht? Sich verlieren in Fernen!
Was will Ahnung? Sich der Tiefe entheben!
Steig hinan, wo in eines Tages Spanne
Sommer-und-Winterbrand deine Inbrunst entflammen,
wo du vor herzhinreißender Mühsal
am Seil der Gefährten dir selbst zum Spiel wirst!
Und ob ihr im ewigen Schnee an blendender Wand hängt,
durststumm, schweißblind, mit schwarzen Brillen,
ob im Finstern um eure zusammengeschanzten
froststarren Körperklumpen der Sturm heult,
horch, ein Klang fernsten Raumes fliegt dir zu:
nun beginnt die Musik des Mont Blanc.

ZWEITER SATZ

Auf dem Nacken des Riesen schreitest du;
seit Jahrtausenden hockt er im weißen Mantel.
Mit den vergletscherten Armen umschlingt er
die unzähligen schweren steilzackigen Kronen,
die er aufs Haupt sich stülpen wollte.
Höher könnt er sie nicht mehr heben;
nun hält er sie starr umklammert und lauscht
durch die wetterwilden Jahrtausende hin,
lauscht den Geistern der unerreichten Bezirke,
wie sie posaunend und harfend und pfeifend
und manchmal singend seine geliebten Kronen
ihm wegwinden möchten. Und staunend spürst du
mit hohlem Schritt, wie er heimlich knirscht,
bis in dein Herz, der gebannte Riese.
Aber das Staunen ist nur Vorspiel.

Tritt auf seinen Scheitel! Der trotzt dem Bann.
Sieh, unsre Spuren verwehen schon.
Leise lechzt sein Atem herauf aus dem Eisschlund,
wo wir uns Stufen hackten im Nebel
ans grelle Licht her. Die dünne Luft schwirrt.
Dein Herz will fliegen und kann nicht. Graust dir?
Hier, wo kein Adler mehr kreist, hier wagten
Menschen ein Sternwartchen herzurichten.
Leise saugt's der Gletscher in seinen Schlund;
kaum noch ein Balken stiert aus dem Grabloch.
Und mit lächerlich offnem Mund gewahrst du,
dass auf dem Kampfplatz um die Erhabenheit
auch das Grausen nur Vorspiel ist.

An dein Herz hallt ein Dröhnen. Lachte der Riese?
O, er jauchzt! Von seinem Panzermantel
prallt ein Wetterstoß ab. Mit orgelndem Echo
jauchzt er dem Blitz nach. Aus seinem Triumphblick,
hell über Wölken und Schluchten, Stromland und See hin,
bäumt sich ein Regenbogenpaar.
Und mitjauchzend denkst du der Menschlein wieder,
die unten beben, indes hier oben
unser entzückter Herzruf schallt,
schallt, verhallt – ohne Echo – still, Freunde:
auch das Entzücken ist Vorspiel nur.

DRITTER SATZ

Ruhe aus, wilde Seele: Frieden herrscht
auf gewaltigen Bergen im Mittagsglanz.
Schmiegsam wie du wird der harte Schnee;
es glüht ein Feuer im kalten Wind,
dein trunknes Blut klingt hinan zur Sonne.
Sternhell schwillt der Erdball mit dir ins Licht,
dunkel rührt sich der Raum, er schwebt, er schwebt,
ins Glockenblaue: nun fliegt dein Herz:

ins Reine, ins Reine –
du vernimmst die Melodie des Mont Blanc.

Du träumst nicht, du wachst nicht, du bist nur da;
ein Schimmer bist du im Brennpunkt der Welt.
Da rauscht eine Stimme, Myriaden Stimmen:
Wo seid ihr, Gefährten? Nicht jenseits, nicht diesseits,
wir schimmern auf rauschendem Gipfel wie du.
Du ruhst nicht einsam; du siehst, es ragen
Myriaden Gipfel in gleicher Ruhe,
ins Klare, ins Klare –
du begreifst die Harmonie des Mont Blanc.

Du richtest dich auf; wir richten uns auf.
Du lächelst und schweigst; wir lächeln und schweigen.
Es schweigt der leichenstarre Firn.
Und wenn wir auf seiner zerfurchten Bahn uns
von Abhang zu Abhang im Abendglanz
heimsausen lassen, dann mögen die Berge
einstürzen, du fliegst und fühlst wie wir:
wohin wir auch fliegen, wir fliegen, fliegen,
ins Freie, ins Freie –
dich ergreift der Rhythmus des Mont Blanc.

VIERTER SATZ

Halt! Was trommelt uns nach? Wer tanzt da oben?
Stürzen Murmeltiere vom Himmel ab?
Achtung, Steinfall! Und Rucksack übern Kopf,
in die Schneewand gebohrt mit Füßen und Fäusten,
hören wir's hüpfen mit Sammetpfoten,
mit Klumpsohlen hopsen, Galopp: rechts, links
purzeln die Tode an uns vorbei
und liegen unten. Und ein Stück Kohle,
wer weiß von welchem sturmverschleppten Scheit Brennholz,

trollt hinterdrein und trällert und summt:
das ist nur ein scherzhaftes Zwischenspiel.

Wisst ihr noch? Kennt ihr die Stelle wieder?
Dort vorm Jahr: die Eisbrücke unter mir.
Ich stand, sah zurück: durchs Gewirr der Spalten
stieg jemand uns nach, uns immerfort nach,
mit verhülltem Gesicht, dunkeln Augenlöchern,
mit vielen Leuten am Seil: wer ist es?
Was will der fremde vermummte Führer,
wo Jeder Führer ist und Geführter,
was tappt er bloß nach? Ich hebe den Pickstock
und warne, da kracht's, noch erraff ich im Sprung
den Rand – damals scholl mirs wie Abgrundgelächter
durchs innerste Mark, jetzt lacht die Erinnrung:
Es war nur ein spaßhaftes Zwischenspiel.

Es werden noch viele Brücken zerkrachen;
er braucht's, der Bauherr des weißen Friedhofs,
das Riesenkronen-Bröckelwerk.
Rings aus Trümmern die Türme, verjährte Lawinen
zu smaragdenen Labyrinthen gefroren,
die nächste Laue zerschellt sie wieder,
hohl verrollt ihr Paukenwirbel: gebt Raum!
Raum, ihr lockern Gesellen! Auch ihr da, Granitpack,
du Großer Gendarm mit dem wackligen Helm,
ihr Englischen Fräuleins: noch besteigen
nur Waghälse eure glatten Hüften,
einst liegt ihr alle zerbröckelt im Bett,
vom nächsten Neuschnee seid ihr verschluckt,
und Brocken auf Brocken wird wieder Brücke,
wird alles ein lachhaftes Zwischenspiel.

FÜNFTER SATZ

Wohl weint's im Dunkeln, horch, Tropfen zu Tropfen,
Milliarden Tropfen, die sich lautlos
unter der aufgepressten Last
zusammenschlichen: o horch, nun auf einmal
aus stahlblau dämmerndem Gletschertor
durch den Schutt der Moräne, da sprudeln sie
als milchheller Quell. Nun schöpfst du und trinkst
von dem jubelnden Wasser, und schaust zurück,
immer wieder zurück zu dem sternegekrönten Scheitel,
wo kein Bleiben ist für dein staubhaftes Leben,
und glaubst ihn immer noch rauschen zu hören,
so entrückt dich die Musik des Mont Blanc.

Dann zeigt sich ein Fleckchen, da sprießt wieder Gras
Dann erscheint eine Hütte, da stürzt Quell in Quell.
Dann bäumt sich der Gießbach und springt dir voran
durch blühende Wiesen ins nächtige Waldtal.
Da hörst du im Schlaf rings die Haustierherden
geisterhaft läuten; und andern Tags
bist du vielleicht schon fern, siehst die Bäche
zum See gesammelt, der Schiffe trägt,
klirrst mit schweren Schuhn durch die große Stadt,
hörst den Menschenlärm brausen, hörst ihn nicht,
hörst noch immer um deine hämmernden Schläfen
mit unendlichen Flügeln von Schneefeld zu Schneefeld
das Schweigen der Jahrtausende geistern,
so verfolgt dich die Musik des Mont Blanc.

Dann willst du, wie sonst, mit ergebenem Schritt
an dein Tagwerk gehn, dein vergängliches Werk.
Gehst wie sonst deinen Weg, gehst über die Brücke,
wo du tausendmal wie Tausende gingst,
blickst wie sonst hinab mit gesenkter Stirn,
da wölbt sich ihr Bild, da spiegelt's dich mit,
spiegelt Tausende mit, da bäumt sich dein Herz,

nicht wie sonst, nicht wie sonst: wie der Gießbach bäumt sich's
und kommt von der Höhe und will ins Weite
und fühlt, wie Welle in Welle tief
sich bindet, sich drängt, vieltausendwerkig
voll Ahnung, voll Sehnsucht – Das bleibt! Das bleibt!
Das wird rauschender Strom und verrauscht ins Meer,
in Stürme, in Wolken, ins Luftmeer, Lichtmeer,
von Raum zu Räumen, ins Freie, ins Freie –
so verschwebt, o Welt, die Musik des Mont Blanc.

ZWIEGESANG ÜBERM ABGRUND

DES TODES STIMME

Du pfadloser Sucher,
ich will dich heimfinden lassen.
Im Schneesturm, im Nebelbrodem,
im Blitzstrahl, im Wolkenbruch,
im berauschenden Wirbel des Lichts von Welle zu Welle
sollst du dich schaukeln traumgewiegt,
in jeder Luftspiegelung zuhause,
in jedem Steinfunken, jedem Samenflimmer,
ruhsamer Phönix im fliegenden Feuernest:
tu nur den Schritt jetzt, vor dem dir graut,
zu dem dein Grauen dich kniefällig lockt,
den einen Sprung von deinem erkrochenen Gipfel
in meine allbeschwingende,
allverschlingende,
unerschöpfliche Tiefe.

EINES MENSCHEN ERWIDERUNG

Versucher, zielloser du,
ich danke dir.
Hab ich nicht schon, was du alles versprichst?
Die Jagd durchs Lichtmeer vom frühen Morgen an,
die Entzückung, mich wie ein Baum zu fühlen,
wenn ich die Arme ins Blaue strecke,
vogelleicht atmend mit heißen Lungenflügeln,
wurzelhafte Schwermut im Nerven- und Adern-Geflecht,
Kopf, Herz, Schoß voller Keimtriebe!
Und hab ein Ziel:
bei der Heimkehr Abends in stiller Kammer
den dunkeln Blick meiner lieben Frau,

mit dem sie mir den Schlaftrunk reicht,
einen irdnen Krug voll Milch oder Wein
und voll Ruhe.

ZECHERS NACHTFEIER

AUCH DAS WEINBLUMENLIED GENANNT

Kurt Hezel zum Angebinde

Freunde, mein Glas ist leer.
Nur noch ein goldner Tropfen am Grunde
spiegelt schwank eure Tafelrunde,
blank vom Glanz unsrer Feierstunde
und vom Duft der Jahrhunderte schwer.

Freunde, trinkt alle aus!
Durch die Blume, o Wundernamen,
schlagen die weißen Geisterflammen
der edlen Züchter in uns zusammen;
trinkt! Ich habe noch rote im Haus!

Freunde, schenkt ein, schenkt ein!
Seelen von Huldinnen schlummern versunken
in diesem Pfühl von rubinigen Funken;
weckt sie, Lippen! Und küsst euch trunken!
Trunken sein heißt seelenvoll sein!

Freunde, stoßt mit mir an!
Bald wird auch uns der Schlummer bezwingen,
aber auch ihn soll ein Geist uns bringen:
Freunde, ein Traumgeist, der knallen und springen
und aus Eis Feuer speien kann!

Ah, wie sein Hals sich bäumt!
Schleppt ihn herbei, den gefesselten Wilden!
Löst ihn, er sehnt sich nach Göttergefilden!

Seht, wie er steigt und von Luftgebilden
überschäumt! –

ÄONISCHE STUNDE

Alfred Mombert zu Ehren

Du himmlischer Zecher!
Noch ein Tropfen Schwermut in meinem Glase,
noch eine Träne wild in meinem Herzen,
glühte, glänzte,
doch du sangst, du sangest –
es rauschte ein Meer durch uferlose Weiten,
in unsrer Nähe wogten gespiegelte Sterne,
Geister tanzten über dem Erdball,
hoch auf quoll der Tropfen in meinem Glase,
eine Lichtflut –
und hell in deine
fiel die Träne aus meinem Herzen.

GEBET IM FLUGSCHIFF

Schöpfer Geist, unbegreiflicher,
der du Wesen ersinnst, die Gestalt annehmen,
grausig gütiger du,
denn jedes lebt vom Tod vieler andern,
Götter wie Menschen,
Tiere, Pflanzen,
Kristalle, Gase, Ätherdämonen,
kann jedes übergehn in jedes,
ins Meer, ins Luftmeer, in fernste Gestirne,
bauen einander, zerstören einander,
begehren auf wider sich und dich,
lassen sich Krallen wachsen vor Gier,
Flügel,
und selbst Maschinen, die Vögeln gleichen,
ächzen aus ihren Nöten zu dir
um das letzte Quäntchen Vollendung:
Jetzt: hier schweb' ich in deinem Licht,
wie ein Wasserstäubchen im Regenbogen
mit durchhaucht von all deinen Farben,
ohne Bitte,
nur voller Dank
deines beseelenden Odems teilhaftig,
deiner Inbrunst,
die sich staunend in Menschenmund nennt:
Fantasie! –

DER LETZTE TRAUM

Zum Gedenken an Detlev v. Liliencron

Es war am sechsten Abend, und Gott sprach:
Alles ist gut geworden. Alles. Nur
der Mensch: was ist der Mensch? Er träumt wie ich.
Er möchte ewig leben, ewig träumen.
Wenn ich nur schlafen könnte! Endlich schlafen.

Es war am sechsten Abend, und ein Dichter
sprach auf dem Sterbebett: Was ist der Mensch?
Er hielt die Hand des liebsten Freunds umklammert,
er wollt ihn ansehn mit den Schöpferaugen,
sie irrten durch ihn hin wie Säuglingsaugen
durch eine fremde, unerschöpflich fremde,
traumvolle Welt – er stammelte:

Sechs Tage keinen Schlaf. Nur Träume. Hörst du?
Alles war gut. Nur ich – was ist mit mir?
Ich seh da immer Menschenschaaren ziehn –
da an der Wand – Heerscharen – Kriegerscharen –
von Land zu Land mit mir – Erobrerscharen –
von Stern zu Stern – zur Schlacht – Schlachtopferschaaren –
im Traum – sie opfern sich für Gott hin – hörst du?
die ganze Welt hin – sich hin – mich hin – Gott! –
Wenn ich nur endlich schlafen könnte – schlafen – –

FEIERABEND

Geh nur, lieber Tag,
freue dich der Nacht.
Nichts bleibt unvollbracht;
deines Lichtes Macht
keimt im dunkeln Grund.
Einst wird alles kund,
hell von Mund zu Mund,
was uns heut im Traum erst dämmern mag.

NACHTGEBET

Du tiefe Ruh,
lass deinen Schleier sinken,
und schling dein dunkles Haar um meine Brust,
und lass mich deinen Atem trinken,
Du,
bis alle meine Lust
und letzter Schmerz in einen Hauch verschweben,
den deine Lippen mir vom Herzen heben,
dann lass mich deinen Kuss erleben,
du tiefe Ruh.